D1849610

Ingrid Kötter

Mädchen sind klasse!

Ingrid Kötter
schreibt Hörspiele, Fernsehspiele und Kinderbücher.
Ihre Kinderbücher wurden mehrfach ausgezeichnet.
So erschien „Alle sagen Neuer zu mir“ auf der
Auswahlliste zum Deutschen Jugendbuchpreis.

Barbara Moßmann
wurde in Duisburg geboren. Sie studierte an der
Fachhochschule für Gestaltung in Hamburg
und ist seit 1980 als Illustratorin für
verschiedene Kinder- und Jugendbuchverlage tätig.

Ingrid Kötter

Mädchen sind Klasse!

Mit farbigen Bildern
von Barbara Moßmann

EDITION
BÜCHERBÄR

In neuer Rechtschreibung

1. Auflage dieser Ausgabe 2002
© Edition Bücherbär
im Arena Verlag GmbH, Würzburg 1993
Alle Rechte vorbehalten
Einband und Illustrationen: Barbara Moßmann
Gesamtherstellung: Westermann Druck Zwickau GmbH
ISBN 3-401-08315-5

Es klingelt.
Schulschluss.
Tim schwingt seine Schulmappe
auf den Rücken.
Nichts wie weg!
„Halt, Tim! Hier! Nimm!“,
ruft Tanja.

Und zack:
Schon hat Tim
Tanjas Schulmappe
vor dem Bauch.
„Los!
Häng sie dir vor die Brust!“,
sagt Tanja. „Komm! Beeilung!“
Tim sieht sich um.
Anne und Milena
aus der Klasse 2b
lehnen am Treppengeländer.
Außerdem ist es
wahnsinnig heiß.
„Dann eben nicht“,
sagt Tanja trotzig
und springt die Treppe hinab.
Tim sieht ihr entsetzt nach.

Soll er etwa ohne Tanja
durch die lange Gartenstraße
gehen?
Mit ihrer roten Schulmappe
vor der Brust
und seiner blauen
auf dem Rücken?
„Halt, Tanja! Warte!“,
ruft er.
Sie wartet nicht.
Flügel müsste man haben,
denkt Tim.
Er schiebt seine Arme
durch die Tragriemen
der roten Schulmappe
und geht los.
Ganz langsam und vorsichtig.

Er kann die Stufen nicht sehen.
Tanjas Mappe
klemmt zu dicht
unter seinem Kinn.
Anne und Milena
rennen an ihm vorbei.
Sie singen:
„Petersilie, Suppenkraut,
deine Braut ist abgehaut!“
„Spinnt ihr?“, schreit Tim.
„Und überhaupt:
Das muss abgehauen heißen.“
Verflixt!
Beinahe wäre er
die Treppe hinuntergefallen.
Seine Beine zittern.
Langsam geht er weiter.

Seine Knie stoßen
gegen den Boden
der roten Mappe.
Etwas klappert darin.
Das sind Tanjas Buntstifte.
Tim hat sie
vor der großen Pause angespitzt.
Bei Tanja brechen sie immer ab.
Außerdem läuft Tanja ganz oft
mit offenen Schuhbändern herum.
Sie kann
keinen Doppelknoten machen.
Mädchen sind
schrecklich ungeschickt,
denkt Tim.
Der Schulhof ist fast leer.
Keine Tanja weit und breit.

So eine Gemeinheit, denkt Tim.
Ich hätte mir auf der Treppe
beide Beine brechen können.
Oder beide Arme.
Oder alles zusammen.
Und überhaupt.
Das war mordsgefährlich.
Morgen trage ich
Tanjas Schulmappe nicht.
Wenigstens nicht
die Treppe hinunter.
„Was ist, Tim?
Hast du etwas gesagt?“

Tanja steht plötzlich vor ihm.
„Nein, nein, ich . . . äh“,
stottert Tim und freut sich.
Tanja hat auf ihn gewartet.
Sie hatte sich gut
hinter der Schultür versteckt.
Tim ist glücklich.
Er möchte Tanja umarmen.
Unmöglich!
Ihre Schulmappe vor seiner Brust
ist im Weg.
Dann eben nicht.
Die beiden gehen los.
Vor Krügers Imbissbude
bleibt Tanja stehen.
Sie fragt:
„Hast du Geld für Pommes?“

Tim schüttelt den Kopf.
„Du magst mich nicht mehr“,
behauptet Tanja.
„Doch, schon“, sagt Tim.
„Aber deine Mappe
ist ganz schön schwer.“

Tanja kriegt feuchte Augen.
„Das ist gemein.
Du willst dich bloß drücken“,
schluchzt sie.
„Ich wollte dich heiraten.
Irgendwann. Später.
Und du wolltest mir dafür
die Schulmappe tragen.
Immer und ewig.
Du hast es versprochen.
Vor vierzehn Tagen.
Hier. Hinter Krügers Imbissbude.
Bei einer Tüte Pommes.“

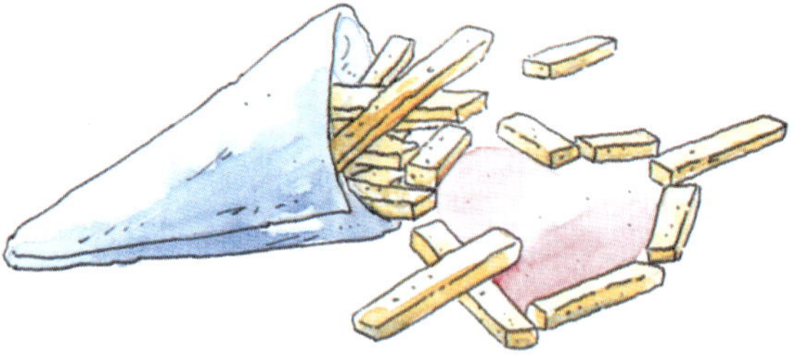

„Stimmt allerdings“,
sagt Tim leise.
„Na also.“
Tanja sieht ihm
tief in die Augen.
Sie streicht sich
die glatten, blonden Haare
aus dem Gesicht
und fasst Tim bei der Hand.
„Was man versprochen hat,
muss man halten.“
Tim nickt und denkt:
Wenn „immer und ewig“
nur nicht
so wahnsinnig lange wäre.
Frau Krüger von der Imbissbude
zwinkert Tim zu.

Und Herr Krüger ruft:
„Ganz schön heiß heute,
nicht wahr, Junge?“
„Und ob“, sagt Tim
und wischt sich den Schweiß
von der Stirn.
Herr Krüger winkt Tanja
zu sich heran und fragt:
„Sag mal,
kannst du deine Mappe
nicht selbst tragen?“
„Kann ich schon.
Will ich aber nicht.
Und überhaupt:
Ich finde immer jemanden,
der sie nimmt.
Wetten?“, antwortet Tanja.

Sie lässt Tims Hand los
und rennt
zu Beermanns Haus hinüber.

Ein dünner Junge steht am Zaun.
Tim knabbert
an seinen Fingernägeln herum.
Er möchte zu gern wissen,
wer das ist.
Anne und Milena
scheinen den Jungen zu kennen.
Sie rufen: „Hallo, Chris!“,
und winken ihm zu.
Tanja flüstert
dem Jungen am Zaun
etwas ins Ohr.
Der Junge lacht verlegen.
Tanja sieht Tim an
und streckt ihm
die Zunge heraus.
Tim wird rot.

Porti
May
Schi
Bre
rot

Frau Krüger schmunzelt
und sagt:
„Das da drüben ist
eins von den vielen
Beermann-Enkelkindern.

Es macht Ferien
bei den Großeltern.
Tanja will dich nur
eifersüchtig machen."
Pah!, denkt Tim.
Mich macht so leicht
niemand eifersüchtig.
Er lässt Tanja
und den Jungen am Zaun
nicht aus den Augen.
Die beiden unterhalten sich.
Der Junge trägt Jeans, Karohemd
und weinrote Sandalen.
Seine blonden Stoppelhaare
leuchten in der Sonne.
Tanja und der Junge lachen.
Tim zieht kräftig die Nase hoch.

Alle lachen ihn aus!
Sogar Tanja.
Dabei mag sie ihn doch.
Und sie braucht ihn.
Würde sie sonst
mit allem zu ihm kommen?
Mit ihren offenen Schuhbändern?
Mit ihren stumpfen Buntstiften?

Mit ihrer schweren Schulmappe?
Und überhaupt?
Na ja! Alle Mädchen sind gleich,
denkt Tim.
Seine kleine Schwester Julia
kommt auch mit allem zu ihm.
Wenn ihre Nase läuft.
Wenn ihr eine Spinne
über den Weg läuft.
Und wehe, Julia sieht
einen Gruselfilm im Fernsehen.
Dann kommt sie sogar nachts
zu Tim ins Bett.
Und er muss sofort
an den Rand rutschen,
sonst weint sie laut los
und weckt Mama und Papa auf.

Egal, denkt Tim.
Ich mag Mädchen.
Ehrlich.
Tanja und der Junge am Zaun
stecken die Köpfe zusammen.
Anne und Milena sehen es.
Sie kichern und tuscheln.
Tanja legt ihre Hand
auf die Hand des Jungen
am Zaun.

Der Junge grinst breit.
Plötzlich hat Tim eine Mordswut
auf alle Mädchen der Welt.
Ich heirate nie!, denkt Tim.
Alle Mädchen sind doof.
Sie kichern über alles und nichts.
Und wenn du nicht willst,
was sie wollen,
weinen sie.

„Lach nicht so blöd!“, schreit Tim
den fremden Jungen an.
„Mach nur!
Wirst schon sehen,
was du davon hast.“
Er zerrt Tanjas Schulmappe
von seinen Schultern.

Er schmeißt sie
mitten auf die Straße
und rennt in den Wald.
„Halt!“, ruft Anne.

„Was willst du im Wald?
Was willst du da machen?“
„Nichts für Mädchen!“, schreit Tim.

Im Wald wirft Tim sich
auf den Bauch und heult.
Als keine Tränen mehr kommen,
holt er einen Zeichenblock
aus seiner Schulmappe.
Er reißt ein Blatt ab.
Auf das Blatt schreibt er
mit blauem Filzschreiber:
„Nichts für Mädchen!“
Dann geht er zum Waldrand.
Dort liegen
Bretter, alte Kisten, Äste
und zwei graue Plastikplanen.

Tim sammelt Holz auf.
Er faltet die Planen zusammen
und brüllt dabei in den Wald:
„Ich baue mir eine Hütte.
Ich lebe wie ein Einsiedler.
Ich ernähre mich
von Fliegen und Würmern.
Das ist ein hartes Leben.
Aber dann muss ich wenigstens
keine Mädchen mehr sehen!“

Der Boden für die Hütte ist fertig.
Tim sieht auf seine Armbanduhr.
Eine Stunde hat er nur
dafür gebraucht.
Super!
He! Was ist das?

Es knackt und grunzt im Gebüsch.
„Hilfe!“

Tims Herz klopft bis zum Hals.
Er steht wie angewurzelt.
Ein Wildschwein. Wetten?
„Hallo!“, sagt das Wildschwein.
Es trägt weinrote Sandalen,
Jeans, Karobluse
und ist dieser Chris
aus Beermanns Vorgarten.
„Kann ich dir helfen?“, fragt er.
Tim nickt.
Er ist heilfroh,
dass der Typ mit der Stoppelfrisur
kein echtes Wildschwein ist.
Der Junge sieht sich um.
Er sagt: „Du baust eine Hütte?
Hier? Mitten im Wald?
Toll!

Wir haben das mal
bei uns zu Hause
auf dem Spielplatz gemacht.
Warte!
Ich hole einen Hammer.
Und Nägel. Und Bindfaden."
Ein Knacken im Gebüsch.
Weg ist er.

Schon kurz darauf ist Chris
mit einem Werkzeugkasten
zurück.
Den ganzen Nachmittag
hämmern Chris und Tim.
Tim schimpft dabei
über Mädchen
und er beobachtet Chris.

Chris ist ziemlich schweigsam.
Chris ist angeblich schon
in der dritten Klasse.
Chris haut sich nicht
mit dem Hammer
auf den Daumen.
Chris stemmt Äste.
Chris bindet sie
fachgerecht zusammen.
Chris jammert nicht
über Kratzer
an Armen und Beinen.
Und als es wieder
im Gebüsch raschelt,
sagt er:
„Nicht drum kümmern!“,
und arbeitet weiter.

Als die vier Wände der Hütte
endlich stehen,
klopft Tim ihm auf die Schulter
und sagt:
„Junge, Junge!
Von dir kann man viel lernen."
„Stimmt!", rufen Anne und Milena.
Sie haben sich angeschlichen.
„Wo kommt ihr denn
so plötzlich her?", fragt Chris.
„Ist doch egal. Haut bloß ab!",
schreit Tim.
Er hält den beiden
das Zeichenblatt vor die Nase:
„Hier!
Könnt ihr lesen?
Nichts für Mädchen!"

Anne lacht.
Sie zeigt auf Chris und sagt:
„Wenn die bleibt,
dürfen wir auch bleiben.
Oder ist Chris etwa
kein Mädchen?“

Chris? Ein Mädchen?
Tim grinst.
Er weiß genau:
Anne will ihn hereinlegen.
Er versucht ernst zu bleiben.
Milena zupft Blätter
aus ihren Haaren
und sagt:
„Wir haben euch
schon ganz lange
vom Gebüsch aus zugesehen.
Ihr zwei seid echt gut.“
„Und ob wir gut sind“,
sagt Tim.
„Wir Jungen haben eben
schwer was auf dem Kasten.“
Er platzt jetzt fast vor Lachen.

„Du bist doch kein Mädchen,
Chris, oder?“
Chris lacht.
„Doch, bin ich.
Chris ist eine Abkürzung
von Christina.“
Das darf doch nicht wahr sein!
Tim lässt sich
auf den Waldboden fallen
und spielt toter Mann.

In dem Augenblick
brechen Tims Eltern
und Herr Krüger
von der Imbissbude
durchs Gebüsch.

Mama beugt sich über Tim.
„He! Was ist los, mein Junge?“
Tim öffnet die Augen
und zeigt auf Chris.
„Der da ist ein Mädchen.“
Mama lacht.
„Na und?
Was dagegen?
Ich war auch mal
ein Mädchen.
Mädchen sind Klasse!“
Mama hat
Schoko-Kekse mitgebracht.
Tim nimmt sich einen –
auf den Schreck.
Er isst den Keks gleich im Liegen.
„Hmm!“ Schoko-Kekse sind gut.

Sie sind jedenfalls besser
als Fliegen und Würmer.
Herr Krüger sieht Tim
vorwurfsvoll an und sagt:
„Deine Eltern haben sich
Sorgen um dich gemacht.
Sie haben
überall nach dir gefragt."
„Halb so schlimm", sagt Papa
und hilft Tim vom Waldboden auf.
„Wir haben den Ausreißer
ja schnell gefunden."
„Wir hatten Glück", sagt Mama.
„Der Werkzeugkasten gehört
Christinas Großeltern.
Beermanns wussten durch Chris
von der Hütte im Wald."

Herr Krüger betrachtet die Hütte
von allen Seiten.
Papa hält das Zeichenblatt
mit der Aufschrift
„Nichts für Mädchen!“
in der Hand.
„Tolles Bauwerk, Tim“,
lobt Herr Krüger.

Papa findet, dass die Hütte
eigentlich zu schade ist
für einen einzigen Menschen.
Anne, Milena und Chris
sehen Tim gespannt an.
„Das Dach fehlt noch“, sagt der.

Das lassen sich die Mädchen
nicht zweimal sagen.
Sie suchen passendes Holz.
„Es muss flach sein
und sich für Dachlatten eignen“,
sagt Tim.

Herr Krüger will
zur Imbissbude zurück.
Tims Eltern begleiten ihn.
Sie haben Julia
bei Frau Krüger zurückgelassen.
Mama ruft Tim zu:
„Wir müssen uns beeilen.
Sonst isst Julia aus Kummer
über dein Verschwinden
Pommes, bis sie platzt.“
Komisch.
Was seine Schwester macht,
ist Tim im Augenblick total egal.
Selbst an Tanja denkt er kaum.
Anne und er knien in der Hütte.
Anne stemmt Querhölzer
gegen die Dachlatten.

Tim klopft
mit dem Hammer
die Nägel hinein.
Chris und Milena heften
von außen die Plastikplanen an.
Nach zwei Stunden
ist die Hütte fertig.

Anne, Milena und Chris
umtanzen sie mit Indianergeheul.

Tim hockt in der Hütte.
Er stopft Schoko-Kekse
in sich hinein und staunt:
Mädchen sind
gar nicht so doof.
Sie sind genau wie Jungen!
Mal so, mal so.
Oder?
Es ist plötzlich still draußen.
Verdächtig still.
Tim steckt seinen Kopf
aus der Hütte.
Ein Glück,
sie sind noch da.
Anne, Milena und Chris
liegen vor der Hütte
auf dem Bauch.

Milena hat ein Fragezeichen
hinter den Spruch
auf Tims Zeichenblatt gemalt.
„Nichts für Mädchen?“, fragt Chris.
„Kommt schon rein!“, sagt Tim.
„Es fängt an zu regnen.
Und überhaupt: Ihr seid Klasse!“